AF370949

Le 1.er morceau de ce Volume n'est
qu'horrible sans être intéressant.
mais l'arrêt du Parlement de Dole
qui suit est bien singulier, et les
remarques dont il est accompagné le
sont encore bien davantage.

~~128~~

HISTOIRE VERITABLE

D·VNE FEMME QVI A TVE' SON MARY,

laquelle apres exerça des
cruautez inouyes fur
fon corps.

Executée à Soiran en Bourgongne, diftant d'vne
lieuë d'Auffonne, le 18. Ianuier 1625.

A LYON,
Par GERMAIN PARIS.
1625.

HISTOIRE
VERITABLE D'VNE
FEMME QVI A TVE'

son Mary, laquelle apres exe[...]
des cruautez inouïes su[...]
son corps.

Executee à Soiran en Bourgongne, distant d'vne lieuë d'Aussonne, le 18. Iannier 1625.

I les Siecles passez nous ont fourny plusieurs exemples de l'inhumanité & cruauté de quelques femmes, nous ne deuons pas trouuer estrange si celuy où nous sommes estant plus peruers que les precedents produit des monstres de nature, qui

en effect son plus cruels que les bestes plus
farouches. La cruauté d'vne violente Espa-
gnole, violente de nom & d'effect le fait
bien paroistre , par l'inouye vengeance
quelle prit sur celuy qui s'estoit vanté d'a-
uoir couché auec elle.   Vn nombre infini
d'Histoires tant anciennes que modernes
nous font assez voir combien peut le cour-
roux d'vne femme portée à la vengeance,
car oubliant la qualité de son sexe, qui na-
turellement doit estre doux & amiable,lors
que la fureur essore les mouuemens de sa
passion, il n'y a ny cruauté, ny meschanceté
qu'elle n'exerce : elle deuient vne Progné
& vne Medée en ses bouillonnantes pas-
sions,ne pardonnant ny à maris ny à enfans.

A Soiran , Village distant d'vne lieuë
d'Aussonne, vne femme nommee Marguerite, sçachant que son mary estoit à la tauer-
ne où il se resiouyssoit auec quelques amis,
ayant mesmes enuoyé querir deux poulets
qu'il auoit à la maison. Ceste femme qui at-
tendoit son mary auec impatience,le voyāt
venir auec vn de sa compagnie,commence
à vomir vn torrent d'iniures côtre luy, l'ap-
pellant yurongne , gourmand , desbauché,

feineant, peuant, hapelourde, & autres paroles iniurieuses que la colere luy fugge-
roit. Eſtans entrez en la maiſon elle conti-
nuë ſes boutades, de ſorte que ſon mary
voyant qu'il ne pouuoit l'appaiſer recours à
vn baſton à deux bouts qu'il auoit en ſa
chambre, duquel comme il la veut charger
d'apoinĉtement le pied luy gliſſe & tombe
par terre. La femme prompte ne luy donne
le temps de ſe releuer, préd vne ſelle à trois
pieds de laquelle elle luy donne vn ſi grand
coup ſur la teſte quelle l'eſtourdit; & re-
doublant ſes coups fit en telle ſorte qu'elle
le rendit mort. Le voyant ſans mouuement
elle le traine vers le feu, luy donne du vin,
mais c'eſt en vain, car il eſt vrayment mort.
Voyant ce deſaſtre elle penſe aux remedes
pour cacher ce meurtre, & ne pouuant le
cacher à Dieu, elle pêſe en oſter la cognoiſ-
ſance aux hommes. Elle enleue le corps, le
met ſous la pailaſſe de ſon lĉt, où l'ayant
laiſſé quelque temps le diable la pouſſe à
exercer des cruautez inouyes. Elle tire ce
corps de deſſoubs ceſte paillaſſe, leſtend au
milieu de la chambre, & ſans eſtre eſmeuë
d'aucune compaſſion, commence à execu-

A 3

ter fa rage par les parties honteufes qu'elle luy coupe:apres elle prend vne hache de laquelle elle luy donne vn grãd coup,croyant de defguifer fon fexe.Elle luy coupe la tefte, le met en quatre quartiers,coupe les bras au deffous du coude, & les iambes au deffous du genouïl.

O bourrelle ! n'as-tu point de regret de charcuter ainfi ton pauure mary? Tes mains inhumaines peuuent-elles fans horreur fe rougir ainfi de fon fang ? de celuy, dis-ie, qui a pendant tant d'annees couché aupres de tes coftez , & duquel tu as eu de beaux enfans? Penfes-tu que ton forfait demeure impuny , & que l'œil du Ciel qui defcouure toutes chofes laiffe ta cruauté fans chaftiement? Ne fens-tu point en ton ame les furies qui te bourrellent, & vn ver rongeur qui ronge ta confcience? Mais quoy ta rage n'eft-elle pas encore affouuie,forcenee, & pouffee du demon infernal?tu veux ioüer la penultiefme acte de cette fanglante tragedie , dont la cataftrophe ne fera moins horrible.

Cette Megere prend cette tefte, la roule, apo

apoſtrophe deſſus quelques paroles qu'elle iette hors d'vne voix enrouée : apres le vint aux yeux qu'elle luy creue & tire auec la pointe d'vn fuſeau : Elle prend des tenailles auec leſquelles elle luy arrache le nez & les oreilles : Ce n'eſt pas tout, il luy reſte encore quelque cruauté à executer ; elle luy arrache la barbe ſans luy en laiſſer vn ſeul poil.

Que fait-elle apres, elle ramaſſe ces pieces eſparſes çà & là, ſçauoir la teſte, les yeux, le nez, les oreilles, la partie des bras ou eſtoyent les mains, les iambes, les entrailles, & enſeuelit toute cette charcuterie en vn coin de la maiſon. Apres elle prend vn ſac, & met vn des quartiers dedãs:& le va ietter dans la riuiere appellé Arueſan, & en fit de meſmes des autres trois reſtans. En fin la voila auec les mains encore toutes ſanglantes qu'elle s'efforce d'effacer les marques du ſang qui reſtoyent en ſa chambre, plus elle y iette d'eau, plus ce ſang ſe rend vermeil, la teinture en eſt ſi bonne que l'eau ne la peut decolorer.

Quelques iours ſe paſſe qu'on eſt eſtonné

de

de ne voir plus sõ mary, mesmes le Seigneur
du lieu luy demanda où il estoit. Elle luy res-
pondit qu'il estoit sorty de la maison vn soir
bien tard tout en chemise, & que depuis elle ne l'auoit point veu. La Dame de Charon
luy faisant la mesme demande, elle dit qu'il
estoit allé à la guerre.

En fin le Sieur de Soiran enuoye vn de
ses seruiteurs vers cette femme pour s'en
enquerir plus particulierement, lequel luy
demande où estoit son mary, elle fit respon-
se qu'il estoit allé à Chalom, & que si elle a-
uoit d'argent elle l'iroit chercher.

Ces trois responses differentes, sont trois
tesmoins irreprochables, qui semblent suffi-
samment accuser le crime de cette meschante femme : neantmoins Dieu veut ma-
nifester son delict par des preuues de beau-
coup plus euidentes & plus claires, & veut
que les soupçons & indices soyent esclaircis
par la mesme verité.

Voicy donc le iour des Rois comme l'on
faisoit la Procession à l'entour de l'Eglise de
Soiran, le Seigneur du lieu la voyant au
long de la Riuiere vint à elle, & luy demande

de qu'elle y faisoit : Elle dit quelle regardoit quelques Corbeaux & Pies qui estoiét au long de ladite riuiere, qui estoit grandement decreuë depuis qu'elle y auoit ietté les quartiers de son mary, & en auoit desia aperceu vn, suiuant ce qu'elle confessa depuis.

Il sembloit que Dieu se vouloit seruir de ces Oiseaux funestes, comme il fit iadis des Grues qui seruirent de tesmoins contre les voleurs qui auoient tué Ibicus. Le Sieur de Soiran entra en quelque doute la voyant ainsi seule & pensiue au long de la riuiere, & ces Corbeaux croassans, s'embloyent dire en leur langage que la charongne n'estoit pas loin, qui l'occasionna de luy demander si elle auoit point tué son mary : Elle nie fort & ferme, disant que la verité se descouuriroit bien.

Alors ledit Sieur de Soiran se representant les differentes responses qu'elle auoit faites touchant l'absence de son mary : son veritable soupçon s'accroit, & remet la partie apres la Messe pour tas-

cher de deſcouurir cette verité qu'elle diſoit.

La Meſſe paracheuee, il prend vn bon
nombre des Parroiſſiens, ſes ſujets, qui ſe
mirent en cherche au long de la Riuiere,
où ils trouuerent trois des quarties du
deffunct, & vn chien trouua le quatrieſ-
me, qu'il ſortit de l'eau.   Encor qu'on ne
peuſt pas recognoiſtre ces membres e-
ſtans ainſi mutilez & ſans teſte, neantmoins ledit Sieur de Soiran la fait ſaiſir
& empriſonner, & comme on les luy fait
toucher, le ſang en ſort en abondance.

Aprés on va chez elle, où l'on trouue
le lieu où elle auoit fait cette boucherie
tout ſanglát, quoy qu'elle ſe fuſt efforcee,
comme nous auons deſia dit de le lauer.
Voila encor des nouueaux indices qui
crient vengeance contre cette cruelle
femme: quand bien elle ne s'accuſeroit
de ſa propre bouche ils ſont ſuffiſans
pour luy faire ſon proces, & luy faire ſen-
tir la peine deuë à ſes demerites.

Finalement le Iuge ayant tiré la verité
par ſa propre confeſſion, elle fut condam-
née

née à faire amande honnorable en che-
mife auec la torche au poing , & crier
mercy à Dieu, au Roy, & à Iuſtice, & apres
eſtre penduе & eſtranglee, ſon corps bru-
ſlé, & les cendres iettees au vent:

Apres qu'elle eut fait amande honora-
ble deuant l'Egliſe de Soiran, elle fut me-
nee dans vne charrette au bois de Boute-
ran ſur le grand chemin de Diion, où la
potence eſtoit dreſſee.

Voila ſon Confeſſeur qui l'exhorte à
recourir à la Maieſté diuine , implorer ſa
miſericorde pour receuoir pardon de ſes
fautes , & recognoiſtre que noſtre Seigneur à touſiours les bras ouuerts pour
receuoir le pecheur qui s'humilie &
vient à penitence, meſmes le ſieur de Soiran luy diſoit, courage Marguerite , criez
mercy à Dieu d'vn cœur contrit & humi-
lié, demandez luy pardon, receuez la mort
en gré , & repentez-vous d'auoir ainſi
maſſacré voſtre mary.

Cette miſerable, telle ie l'oſe nommer,
reiette toutes ces ſainctes remonſtran-
ces, demeure endurcie & obſtinee en ſon

peché, n'amollit son cœur de rocher pour
tesmoigner par quelques larmes quelque
contrition. Mais helas ! il semble que le
Demon la possede, luy suggerant à dire
que ce qu'elle auoit fait estoit bien faict,
& que s'il estoit à faire qu'elle le feroit
encore.

Ha ! chetifue à quoy penses-tu, où te
porte le desespoir? Ne vois-tu point l'En-
fert ouuert si tu ne changes de volonté?
& que le Diable te tient en ses serres pour
t'y precipiter ? Recours recours à la mi-
sericorde de ton Sauueur qui ne veut
point la mort du pecheur, mais qu'il se
conuertisse. Fay resiouyr les Anges Cele-
stes pour ta couuersion. Mais helas ! ie ne
voy point que tu vueilles desmordre ton
opiniastrise, puis que tu poursuis en ton
obstination.

Tu es proche du port où tu peux re-
trouuer ton salut, mais tu aimes mieux
faire naufrage.

En fin cette meschante femme ce
monstre horrible, mourut en son obstination, & ne voulut par vne vraye contrition

tion receuoir patiemment ce supplice
temporel , petit à l'esgal de son crime,
pour euiter les tourmens eternels.

F I N.

www.ingramcontent.com/pod-product-compliance
Lightning Source LLC
LaVergne TN
LVHW010914180726
843502LV00010B/4119